UN PRÉTENDANT AU TRON[E]

GIANNINO BAGLIONI

PAR

M. le Comte DE PUYMAIGRE

Extrait de la *Revue des questions historiques*. — Avril 1895

PARIS
BUREAUX DE LA REVUE
5, RUE SAINT-SIMON, 5
1895

UN PRÉTENDANT AU TRONE DE FRANCE

GIANNINO BAGLIONI

Il y aurait un curieux livre à écrire sur les aventuriers qui se donnèrent pour d'illustres personnages dont la mort voilée de quelques doutes pouvait prêter une apparence de vérité à leurs impostures. Il ne faudrait oublier ni le faux Smerdis, ni le faux Drusus, ni un prétendu Baudouin IX, ni Jacques Rebock, ce meunier qui se disait Waldemar, margrave de Brandebourg; ni Warbeck, qui se donnait pour Richard duc d'York; ni ce Démétrius qui soutenait être le fils du czar Ivan Basilowitz; ni plusieurs dom Sébastien apocryphes, ni la fausse Jeanne d'Arc. On sait combien de nos jours on a vu émerger de Louis XVII. Parmi ces aventuriers, dont il serait aisé d'augmenter la liste, il y a une place à part à faire à un personnage qui put être de bonne foi, à ce Giannino Baglioni qui revendiqua le trône de France comme étant le fils de Louis le Hutin. Un livre récemment publié [1] me ramène à cet aventurier dont plusieurs écrivains, Monmerqué [2] entre autres, se sont déjà savamment occupés; mais pendant longtemps les renseignements qu'on avait sur lui étaient très vagues et l'on doutait presque de son existence. Elle était toutefois prouvée par un de ses contemporains mêmes. Dès le XIVe siècle, Benvenuto d'Imola le citait, dans son commentaire de *la Divine Comédie*, comme un exemple de la vanité des Siennois. Une centaine d'années

[1] *Istoria del re Giannino di Francia*, a cura di Latino Maccari. Siena, tip. Carlo Nava, 1893, in-8.

[2] *Dissertation historique sur Jean Ier, roi de France*. Paris, Tabary, 1844, in-4.

plus tard, Tizio, dans ses *Historiae senenses*, racontait sa vie. A une époque rapprochée de nous, en France, des historiens mal informés, dom Vaissette, le P. Daniel, l'abbé Papon, dirent quelques mots de lui, mais quand, au siècle dernier, Girolamo Gigli, écrivain italien très savant et d'un esprit aussi original que caustique, annonça dans le *Diario Sanese* qu'il allait publier d'après un ancien manuscrit l'*Histoire de Giannino, roi de France*, la chose fut mal prise par ses compatriotes, par Apostolo Zeno surtout. Ils crièrent à la mystification, et nos récentes biographies, celle de Michaud, celle de Didot et tout récemment la *Grande Encyclopédie*, sans plus ample informé, ont répété une injuste accusation [1].

Apostolo Zeno, pourtant, aurait pu savoir que Chifflet avait réuni des détails puisés à bonne source sur Giannino Baglioni, mais ces détails sont ensevelis au fond d'un ouvrage écrit en latin et peu connu [2].

Aujourd'hui il n'y a plus de doutes possibles ni sur la bonne foi de Gigli, ni sur l'authenticité du livre qu'il comptait publier. Il a paru par les soins de M. Latino Maccari, et je m'étais proposé d'en donner une analyse suivie, quand j'ai appris que j'avais été devancé par un collaborateur de la *Revue contemporaine*, M. Bréhaut, qui, dès 1860, avait consacré trois articles à Giannino [3]. Si M. Bréhaut n'a pas connu la chronique mise au jour par M. Maccari, il a pu raconter, néanmoins, tout en commettant quelques erreurs et en se laissant trop aller à son imagination, les singuliers événements de la vie du prétendant siennois. Sainte-Palaye avait envoyé de Rome à son confrère Bréquigny la copie de documents laissés par Gigli. Dans les papiers de Bréquigny, M. Bréhaut a découvert les éléments de son travail. De peur d'un double emploi, j'ai renoncé à

[1] Ce qu'on ne comprend pas, c'est que dans la dernière édition de la *Biographie universelle*, on n'ait pas introduit dans l'article GIGLI, signé Ginguené, l'auteur jadis renommé de l'*Histoire de la littérature italienne*, les modifications appelées par la dissertation de Monmerqué; c'est que, dans la *Biographie générale*, publiée après ce travail, on ne semble pas l'avoir connu Quant à la *Grande Encyclopédie*, tome XVIII, p. 926, elle ne fait que donner en six lignes un abrégé des erreurs des deux biographies, et applique à l'œuvre annoncée par Gigli le nom de mystification. La mystification est souvent pour ceux qui, dans la *Grande Encyclopédie*, cherchent des renseignements sérieux. La *Biographie universelle* et la *Biographie générale* ont inséré une notice tout à fait inexacte sur le personnage objet de notre étude, qu'elles appellent Jean Gouge, d'après le P. Daniel. La *Grande Encyclopédie* a résumé ainsi les erreurs de ses aînées : « Gouge (Jean), aventurier originaire de Sens (*sic*), qui, en 1361, à la faveur des troubles qui désolaient la France, se fit proclamer roi de France en Provence. Il fut battu et fait prisonnier par le sénéchal de Provence, et on ignore ce qu'il devint. » (T. XIX, p. 46.)

[2] Voir la dissertation de Monmerqué, p. 53.

[3] *Revue contemporaine*, 2e série, tome XVII, 1860.

étendre cet article dans les proportions que j'avais projetées. Voulant pourtant faire connaître quelques-unes des observations que l'*Istoria di Giannino* a suggérées à M. Maccari et à moi-même, il est indispensable, pour les rendre bien compréhensibles, que je raconte les faits auxquels elles se rapportent en m'aidant de l'*Istoria*. Mais avant d'arriver aux combinaisons d'aspect romanesque qu'elle y a greffées sur un fond de réalité, je dirai ce que dut être l'histoire vraie des premières années de Giannino.

En 1315, un Siennois nommé Guccio Baglioni avait suivi en France son oncle, Spinello Tolomei, qui s'occupait d'affaires de banque, comme tant d'Italiens que nous nommions des Lombards. Ce Guccio, beau et âgé de dix-huit ans à peine, se trouva en relations avec un sire de Carsy; il plut à Marie, fille de ce seigneur; il s'unit à elle par un mariage que la naissance d'un fils ne permit pas de tenir longtemps secret. Très irrités, les parents de Marie la firent renfermer dans un couvent et obtinrent que Guccio fût chassé de France. Au bout de neuf ans, il put cependant revenir à Paris et se fit remettre son fils Giannino, qu'il envoya à Sienne, à son père Mino. L'enfant fut mis à l'école, apprit l'italien, et au bout de deux ans sut parfaitement écrire, lire, calculer, et connut tout ce qui était nécessaire pour suivre une carrière commerciale à laquelle des désastres financiers, subis à la suite d'une faillite de Tolomei, rendaient nécessaire que sa famille recourût. Mino fit d'abord de son petit-fils un lainier, puis il l'associa à des marchands de fer et d'acier. Peu à peu la situation de Giannino s'améliora; son intelligence, sa bonne conduite, le firent estimer de ses concitoyens. Il occupa parmi eux des fonctions honorables, et épousa la fille d'un riche marchand, Nicolo Vivoli. Elle mourut après lui avoir donné plusieurs enfants, et Giannino se remaria à Necca, dont le père, Vanni Agazzari, était aussi commerçant à Sienne. Très pieux, très assidu à tous les offices, très respecté de ses compatriotes, Giannino menait une vie obscure, mais calme et heureuse, quand arriva à sa recherche un émissaire venant de Rome. Il était envoyé par l'un des plus singuliers et des plus illustres personnages de ce temps, par ce Cola di Rienzi qui, parti de bien bas, fils d'un cabaretier, était devenu, par son audace, par son éloquence, par son habileté à raviver tous les souvenirs de l'ancienne Rome, le maître despotique de cette capitale abandonnée par les papes. Une réaction lui avait enlevé le pouvoir, mais une autre réaction n'avait pas tardé à le lui rendre. L'émissaire qu'il avait envoyé à Sienne engagea Giannino à se rendre près du Tribun, ainsi se faisait appeler Cola di Rienzi; pourtant comme nul document n'accréditait cet envoyé, Giannino refusa de quitter sa ville, mais bientôt il reçut la lettre suivante :

« A noble et sage homme Giannino de Guccio di Mino, à Sienne.

« Ami très cher, nous avons expédié des émissaires de divers côtés pour s'enquérir de vous, et afin que, vous ayant découvert, ils vous persuadent de venir près de nous, à Rome. Notre émissaire nous a rapporté comment il vous avait trouvé à Sienne et l'ambassade qu'il vous adressa, de notre part, à laquelle vous n'avez pas donné foi, parce qu'il n'avait point de lettre. La lettre était restée ici, parce que nous ne savions pas si le messager pourrait vous rencontrer. A présent que nous savons où vous êtes, nous vous prions qu'il vous plaise de venir près de nous, à Rome, dans le plus grand secret, et désirons que votre arrivée soit sans retard.

« Donné au Capitole, le 18 septembre 1354.

« NICOLO, chevalier du peuple de Rome pour le saint-siège apostolique, sénateur illustre, syndic, capitaine et défenseur de la sainte cité [1]. »

Giannino reçut cette lettre le 22 septembre. Il se décida à partir; le menton couvert d'une fausse barbe et vêtu comme un soldat, il se mit en route, accompagné seulement d'un notaire, son ami, qui s'appelait Angelo d'Andrea. Il arriva à Rome le 2 octobre, puis à la nuit se présenta au Capitole, où résidait le Tribun. Rienzi soupait, il était seul assis à une table plus élevée que d'autres tables où mangeaient ses gentilshommes. Giannino s'avança vers Rienzi, s'agenouilla et lui tendit la lettre qu'il avait reçue de lui. Incontinent le Tribun le fit relever et le conduisit dans une pièce où il se retira avec lui. Là, il le fit asseoir à ses côtés, et lui demanda le serment de dire la vérité, le priant de raconter ce qu'il pourrait se rappeler de son enfance. Quand Giannino cessa de parler, le Tribun se jeta à ses genoux. Giannino, qui voulait l'en empêcher, lui dit : « Monseigneur, « qui suis-je pour que vous me traitiez avec une telle révérence? — « Ce que je fais, lui répondit Rienzi, toute la chrétienté le devrait « faire. Vous n'êtes pas ce que vous croyez être, vous êtes le vrai et « légitime roi de France, le fils du roi Louis et de la reine Clémence, « et vous avez été échangé peu de jours après votre naissance. »

Le Tribun mit alors Giannino au fait de communications qui lui avaient été faites. Il avait reçu une longue lettre d'un moine, frère Antoine, laquelle était accompagnée et confirmée par une autre lettre d'un religieux nommé frère Jordan [2]. Celui-ci, dans cette autre lettre, racontait que Marie de Carsy, la femme de Guccio, dont il était le confesseur, à l'heure de sa mort lui avait raconté les faits suivants. Elle avait été retirée du couvent où on l'avait renfermée

[1] *Istoria di Giannino*, p. 39, et appendice, p. 157.

[2] Dissertation de Monmerqué, p. 26 de l'appendice.

pour devenir la nourrice du prince dont Clémence de Hongrie, la veuve de Louis le Hutin, venait d'accoucher.

On devait dans une cérémonie publique montrer au peuple l'enfant royal, et Mahaut, comtesse d'Artois, devait le porter. Des seigneurs, craignant qu'elle n'eût le dessein de faire disparaître un prince dont l'existence éloignait du trône son gendre, qui fut Philippe le Long, et pensant que le petit Jean serait peu en sûreté dans ses bras, lui substituèrent le fils de Guccio, qui mourut peu après, soit par une cause naturelle, soit que la comtesse d'Artois l'eût fait périr.

Marie de Carsy continua à élever le petit roi comme s'il eût été son fils, jusqu'au moment où Guccio Baglioni le conduisit en Italie; mais, aux approches de la mort, elle se reprocha d'avoir gardé un pareil secret et le confia au frère Jordan, en lui recommandant de rechercher en Italie le jeune roi de France et de lui faire connaître qui il était. Jordan s'effraya de la mission qu'on lui donnait et pendant plusieurs années ne divulgua pas ce qui s'était passé. Se reprochant enfin son silence et ne pouvant, à cause de son âge, se rendre en Italie, il s'adressa à un moine nommé frère Antoine, et lui transmit la mission qu'il n'avait pas remplie. Antoine partit pour l'Italie, mais il ne put aller plus loin que Porto-Venere, où il tomba malade. Il songea alors à Cola di Rienzi, et pensa que mieux que personne le Tribun était à même de découvrir le prétendu Giannino. Antoine écrivit donc une relation des événements si graves qui étaient restés inconnus et s'adressa au Tribun, en y joignant la lettre par laquelle le frère Jordan lui avait demandé de faire connaître la vérité.

A ces révélations, grande fut l'émotion de Giannino. Il se refusait à croire à l'origine qu'on lui dévoilait. Mais le Tribun, qui était fort érudit, lui cita tant d'exemples d'enfants échangés à leur naissance qu'il finit par convaincre Giannino. Ils passèrent la nuit ensemble, causant de tout ce que celui-ci avait à faire. L'*Istoria* entre dans les plus minutieux détails sur la manière dont se passa la journée du lendemain. Nous n'en retiendrons qu'un fait essentiel : le Tribun fit écrire deux copies des lettres des religieux et d'une charte qu'il y joignit et par laquelle il attestait la vérité de ces documents. Il recommanda à Giannino de porter sur lui une de ces pièces et de mettre l'autre en lieu sûr.

Giannino n'était pas encore revenu à Sienne quand il apprit, à Montefiascone, la mort de son protecteur. Le Tribun avait été assassiné le 8 octobre par les partisans des Colonna. Cette mort faisait perdre à Giannino l'espoir de réaliser ses rêves de grandeur. Il ne confia son secret qu'à un dominicain, frère Bartolomeo Mini, son confesseur, et lui montra les précieux papiers qui lui avaient été remis. Le frère se souvenait très bien que, quand il était allé faire ses études à Paris, il y avait plus de vingt ans, il avait entendu parler de la substitution d'enfants qui aurait eu lieu.

Bartolomeo Mini ne dit rien des confidences qui lui avaient été faites pendant deux ans, mais quand on apprit à Sienne la perte de la bataille de Poitiers et la captivité du roi Jean, comme plusieurs personnes s'entretenaient de la triste situation où se trouvait la France, le dominicain eut l'indiscrétion de parler de Giannino et de ses droits comme fils de Louis le Hutin. Cette révélation courut toute la ville, au grand regret de Giannino, mais le mal était fait, il n'y avait plus à nier, plus à reculer, et Giannino déclara hautement ses prétentions, qui bientôt furent connues partout et reçurent une confirmation par des lettres que le frère Jordan, le même qui n'avait pu, disait-il, se rendre en Italie à cause de son âge, et le frère Antoine, tous deux partis pour un pèlerinage en Terre sainte, écrivirent de Sicile à l'évêque de Sienne. Le gouvernement de cette ville reconnut Giannino comme roi, mais cette reconnaissance mécontenta tellement les commerçants, en relations fréquentes avec le royaume de France, qu'ils firent révoquer les résolutions prises en faveur de Giannino. Cependant celui-ci ne pouvait, sans honte, renoncer à faire valoir des droits si publiquement proclamés. Il voulut tenter la fortune par tous les moyens possibles.

Nous avons dû nous arrêter assez longuement aux circonstances qui purent persuader à Giannino qu'il était le fils de Louis le Hutin, mais nous ne nous attarderons pas à raconter toutes les démarches qu'il fit pour maintenir ses prétendus droits. Il serait bien difficile et fastidieux d'analyser un récit confus, coupé à chaque instant par d'inutiles digressions provoquées, tantôt par la mention du nom de quelques personnages, tantôt par des événements historiques sans rapport réel avec le sujet du livre que l'auteur se plaît à raconter. A chaque instant, on perd Giannino de vue dans le dédale de pages souvent incohérentes. Tâchons de donner rapidement une idée de toutes les tentatives de Giannino. Aucun roi n'avait pris la peine de répondre aux missives par lesquelles il avait notifié ses droits; ce dédain ne le découragea pas : il se rendit à Venise dans l'espoir d'intéresser la puissante république à son sort, il se mit en relations avec des condottieri qui s'étaient loués pour certain temps à divers princes et qui, par suite de ces engagements, ne pouvaient l'aider immédiatement. Il voyagea en Allemagne, faisant valoir à des gentilshommes inactifs tous les profits que leur offrirait le pillage des villes de France. Il séjourna en Hongrie dont, paraît-il, le roi finit par le reconnaître pour son neveu, mais en s'excusant de ne pouvoir le seconder efficacement. Il fallait de l'argent, beaucoup d'argent, pour jouer ce rôle de prétendant. Giannino pouvait avoir acquis assez de fortune pour subvenir aux premiers frais de tant de voyages, mais ses ressources personnelles ne durent pas tarder à s'épuiser. Son grand bailleur de fonds fut Daniel, un juif converti, mais pas assez bien converti pour ne pas s'intéresser à ses anciens coreligionnaires. Aussi obtint-il que Giannino lui promît que, quand il serait roi de France, il permettrait aux israélites de revenir dans son royaume et d'y trafiquer à leur gré. Ce Daniel s'engagea à solliciter des secours du Kalife et de plusieurs princes sarrasins. Nous ne voyons pas trop comment il réussit à se procurer l'argent nécessaire ; toujours est-il que, d'après l'*Istoria*, rien ne manquait au prétendant. Daniel lui avait monté une garde-robe splendide, dont la description occupe toute une page, avec la mention du prix exact de chaque objet. Daniel avait fait confectionner à Milan trois magnifiques armures pour son illustre protégé, il avait fait forger pour lui une riche épée au ceinturon enrichi de pierres précieuses. Par ses soins encore, on avait fabriqué une belle couronne royale, garnie de fleurs de lis, qui devait servir de cimier à Giannino, mais il ne semble pas qu'il ait tenu à se servir de ces belles armes.

Nous ne le verrons pas en faire usage quand s'offrit l'occasion de soutenir valeureusement ses prétentions. Revenu à Sienne, en 1359, après tant de fatigants et inutiles voyages, Giannino y séjourna pendant huit mois; puis il partit pour Avignon, où il arriva en avril 1360 : il espérait déterminer le pape à intercéder en sa faveur, et pensait que par son influence il lui serait possible d'arriver pacifiquement au trône convoité. Mais le pape ne lui accorda pas d'audience et déclara ne vouloir nullement s'occuper de ses affaires. Plusieurs cardinaux furent plus accessibles et engagèrent même Giannino à poursuivre ses revendications. Nous le voyons alors se mettre en rapport avec le comte de Foix, Gaston Phébus, le beau-frère de Charles le Mauvais. Le comte ne répondit point par lettres, mais déclara verbalement que, dès que Giannino aurait commencé la guerre, il pourrait compter sur son assistance. Giannino entra en relations avec plusieurs seigneurs de France et de Provence, notamment avec Charles le Mauvais, auquel il promit, après le succès, d'abandonner Lyon, Nimes, Béziers, Carcassonne, Rochemaure, Pont-Saint-Esprit et d'autres villes. Giannino avait alors réuni une bande d'aventuriers qui avaient d'abord offert leurs services au pape ; peu après il put compter sur d'autres soldats encore, sur d'autres routiers auxquels la paix, récemment conclue entre la France et l'Angleterre, avait créé des loisirs désagréables.

Ces routiers, dit l'*Istoria*, étaient sous les ordres du beau-frère du duc de Lancastre ; mais comme il était très jeune, n'ayant qu'une vingtaine d'années et peu au courant des choses de la guerre, on lui adjoignit « un vaillant et noble homme, très expert en pareilles choses, et qui avait fait ses preuves dans les guerres que le roi d'Angleterre avait faites au roi de France ; il était âgé de quarante ans et avait nom messire Jean Verney, et tous les capitaines le firent leur chef et lui remirent les intérêts de Jean (Giovanni, c'est le prénom que l'*Istoria* donne à Giannino), et voulurent que ledit chef fût son lieutenant durant la guerre au royaume de France, et alors ils s'organisèrent tous, et ledit messire Jean Verney nomma des capitaines, conseillers, gonfaloniers, maréchaux et autres officiers, mit tout en bon ordre, indiqua comment chacun devait faire son devoir, et dit que leur première besogne serait de prendre Lyon sur le Rhône, que c'était la première terre qu'on devait donner audit Jean comme en étant le légitime et naturel seigneur, et que cette ville serait la première à piller » (p. 94).

Pendant que Verney et sa bande s'avançaient en France, Giannino restait à Avignon, qu'il quitta cependant plusieurs fois pour circuler en Provence. A Avignon, il reçut la visite d'un certain Peron de la Carnova, riche marchand drapier et bourgeois de Paris, très attaché au roi de Navarre, et qui avait pris la fuite après la mort du fameux prévôt des marchands, Étienne Marcel. Peron se jeta aux pieds de Giannino, le reconnaissant pour son roi et lui promettant une inébranlable fidélité. Giannino, touché de ces démonstrations, eut pleine confiance en lui, le fit son secrétaire, son conseiller, et lui découvrit tous ses projets. Ainsi maître des secrets de Giannino, Peron le quitta sous prétexte d'un pèlerinage, et, se rendant près d'un personnage que le chroniqueur appelle le cardinal de Pelagorgha, il lui apprit tout ce qu'il avait découvert. Le cardinal promit au traître de faciliter son retour à Paris, d'obtenir son pardon du roi de France, et, en récompense de ses services, de lui faire donner une grosse somme.

Ayant, avec une grande douleur, appris la trahison de Peron, Giannino crut prudent de quitter Avignon, et se rendit en Provence, à Salon d'abord, puis à Saint-Étienne de Janson. Il revint ensuite à Avignon, où il reçut le fidèle Daniel, qui lui apportait des armes, des bijoux, et était très occupé de ses négociations avec les princes sarrasins. Giannino retourna ensuite à Salon.

Pendant ce temps, Verney qui, par suite des révélations de Peron, avait renoncé à marcher sur Lyon, s'était emparé de Pont-Saint-Esprit. A cette nouvelle, la colère du pape avait été grande ; il excommunia les routiers et demanda au sénéchal de Provence, messire Mathieu de Gesualdo[1], d'arrêter Giannino. Par les ordres du sénéchal,

[1] Dès 1357, Mathieu de Gesualdo était, en effet, sénéchal de Provence (*His-*

son lieutenant, Jean de Caraman, se rendit avec douze écuyers bien armés au château de Saint-Étienne, où se trouvait Giannino, et le fit prisonnier. Le 7 janvier 1360, Giannino fut conduit à Aix, qui alors était la capitale de la Provence.

Quant à Jean Verney, son sort ne fut pas plus heureux : d'après l'*Istoria,* dont la version diffère des détails donnés dans une lettre d'Innocent VI [1] au roi de Naples, il fut traîtreusement pris à Pont-Saint-Esprit par des envoyés du pape, qui reçurent dix mille florins pour cette capture, et, remis aux Français, il périt empoisonné.

Beaucoup de notables provençaux s'intéressaient à Giannino, qu'ils persistaient à considérer comme le fils de Louis le Hutin ; ils demandèrent au sénéchal de le bien traiter et de ne pas le livrer aux Français. Le sénéchal parut d'abord assez favorable à Giannino ; il réussit à se faire remettre la charte de Cola di Rienzi, en promettant de la rendre au prisonnier. C'est ce qu'il ne fit pas, et il quitta Aix pour se présenter à Avignon, laissant Giannino enfermé dans la grosse tour du château, cruellement enchaîné. Il était depuis six mois dans cette triste situation, quand on le conduisit à Marseille pour être envoyé au roi de Naples. On lui avait ravi toutes ses armes, tous ses bijoux, tout ce qu'il possédait.

Giannino tenta une évasion. Grâce à un moyen bien souvent employé, aux draps de son lit, il put se laisser descendre par une fenêtre du palais où il avait été renfermé et réussit à gagner le port, mais là il fut rattrapé, indignement maltraité et reconduit dans une prison où le jour ne pénétrait par aucune ouverture. On lui mit des fers aux pieds et aux mains, pour couche on lui donna à peine une botte de paille ; quand on lui apportait à manger, ses geôliers s'aidaient d'une lumière qu'ils emportaient avec eux, le laissant dans une complète obscurité. Il était rongé par la vermine et ne pouvait même ôter ses vêtements. Quatre mois s'étaient ainsi passés quand messire Jean de Caraman, viguier de Marseille, d'après des calomniateurs d'Avignon, accusa Giannino d'avoir, dans cette ville, commis avec des cardinaux un crime honteux pour lequel son horreur était profonde. Mettant le poignard sur la gorge du captif, Caraman lui fit signer un aveu confirmant ces mensongères accusations ; mais plus tard Giannino les rétracta au risque de sa vie. Ce qui n'empêcha point que pour un crime imaginaire il ne fût condamné à perdre la vie. Cependant les magistrats qui administraient Marseille, et qui s'intéressaient à lui, obtinrent qu'il serait conduit au roi et à la reine de Na-

toire chronologique de Provence, par Honoré Bouché. Aix, 1664, t. II, p. 1044. Gaufredy, dans son *Histoire de Provence*, nomme le sénéchal Gesvald, t. I, p. 228.

[1] Voir cette lettre dans la dissertation de Monmerqué, p. 25. Elle y a été reproduite d'après D. Martène.

ples, souverains de la Provence, où Giannino avait été fait prisonnier, et qui naturellement devaient être ses juges suprêmes.

Le malheureux prétendant fut conduit à Naples, et le 19 février fut présenté au roi. Il était dans l'état le plus lamentable, ses chausses étaient déchirées, il n'avait plus de chemise, ses souliers, percés de trous, couvraient à peine ses pieds, la vermine le dévorait. Le roi eut quelque pitié de lui, lui fit raconter ses aventures et ordonna qu'on le revêtît d'habits convenables. Après avoir passé de main en main, Giannino fut de nouveau jeté dans une prison et chargé de chaînes. Au bout de huit jours, le roi lui fit pourtant donner un lit. A Naples, Giannino apprit que le fidèle Daniel avait été arrêté en fuyant d'Avignon. On avait saisi les armes, les bijoux fort nombreux qu'il apportait au prétendant, quatre beaux chevaux et quatre mille florins d'or que Verney, avant sa défaite, avait envoyés au fils de Giannino. Daniel, maltraité, battu, fut reconduit à Avignon, où il mourut des suites de tant de mauvais traitements.

Dans les dernières pages de l'*Istoria*, c'est Giannino lui-même qui prend ou est censé prendre la parole. Cette substitution de la première personne du pronom personnel à la troisième a favorisé la croyance qu'il était l'auteur de tout le livre. Il rédigea une longue nomenclature de tout ce qui lui avait été pris par le sénéchal de Provence. C'est un vrai trésor que réclamait le malheureux captif ; peu de rois contemporains auraient pu revendiquer tant et de si précieux objets. La liste des couronnes, armes, vêtements, joyaux qui lui avaient été dérobés occupe plusieurs pages.

Le livre se termine par une pétition en latin que Giannino adressa à l'évêque de Naples. Il y maintenait ses droits au trône, il s'y disait *Johannes de Francia, filius legitimus et naturalis serenissimorum principum domini Ludovici et domine Clementie.* Il y réclamait les lettres, la charte de Cola de Rienzi et quantité d'autres papiers qui lui avaient été volés.

Les plaintes, les réclamations de Giannino restèrent sans résultats. Transféré, sous la reine Jeanne, au château de l'Œuf, appelé *Castello nuovo* dans l'*Istoria*, il y fut couvert de chaînes. Il recevait, toutefois, trente-six carlini par mois et put plusieurs fois y apprendre des nouvelles de sa famille. Ce fut dans cette prison que commença pour lui le mois d'octobre de l'année 1363 dont, paraît-il, il ne vit pas la fin.

Nous avons dit qu'il avait été marié deux fois ; de sa seconde femme, Necca di Vanni Agazzari, il laissa un fils, Gabriel. Il fut le trisaïeul de Danielo, qui mourut en 1520, et semble avoir été le dernier de sa race. Dans le livre des morts de Saint-Dominique, à Sienne, il est rapporté que Giannino, comme ses descendants, avait sur l'épaule droite l'empreinte d'une croix, comme tous les membres de la royale maison de France : *La quele sogliono havere tutti li descendenti della real casa di Francia.*

Dans ce livre des morts et d'autres registres de même nature est mentionnée l'inhumation des fils et petits-fils de Giannino, plusieurs inscriptions conservent au malheureux compétiteur de Jean II le titre de roi, et il semble que la croyance à la légitimité de ses prétentions se soit longtemps maintenue parmi ses compatriotes.

Parlons maintenant du livre qui nous a fourni les éléments de cet article. Il a été publié avec beaucoup de soin et d'érudition, d'après le manuscrit le plus ancien de l'*Istoria del re Giannino di Francia* possédé par la bibliothèque Barberini. Le savant éditeur pense que cette histoire fut composée au XIVe siècle, par Tomaso Agazzari, indiqué dans une sorte de préface comme simplement un copiste; parent de la seconde femme de Giannino, Necca di Vanni Agazzari, il pouvait tirer quelque vanité de cette alliance. Cette parenté explique, du reste, comment le chroniqueur eut de si nombreux détails sur son héros, représenté comme ayant lui-même tenu la plume.

Quel que soit l'auteur de cette chronique, il semble, malgré des erreurs de noms et quelques anachronismes comme on en rencontre dans tous les livres de ce temps, avoir été assez au courant des événements de l'époque, dont il parle accessoirement, pour inspirer une certaine confiance dans ce qu'il rapporte. Il donne sur Giannino une quantité de détails qui ne semblent pas avoir été inventés. Quelques particularités ont pu être amplifiées, mais ont évidemment un point de départ dans la réalité. Nous ne voulons point parler de l'échange d'enfants, fondement des assertions de Giannino, et sur lequel nous reviendrons tout à l'heure.

Cette extraordinaire histoire de Giannino a, dans certaines parties, des aspects de vraisemblance ou du moins de possibilité, qui ont pu provoquer une espèce d'incertitude. Ainsi Monmerqué se dit avec une sorte d'effroi, après avoir résumé les incidents que l'on connaît : « Parvenu au terme de cette discussion, nous nous félicitons d'être conduit à ne formuler qu'un doute. Qu'il serait, en effet, pénible à tout ami de l'ordre, à tout homme dévoué aux principes de notre belle monarchie de France, de penser qu'en l'année 1316, la lignée royale aurait été violemment interrompue par le crime d'une princesse, dont un de nos rois serait le complice ? Qui ne reculerait devant ce fait et devant ses conséquences » (p. 33) ? Au siècle dernier, ce qui avait empêché Brétigny d'utiliser les matériaux que Sainte-Palaye lui avait envoyés, ce fut la crainte « qu'un pareil travail pourrait déplaire. »

Il paraît certain que des soupçons s'élevèrent à la mort du fils de

Louis le Hutin, et qu'ils eurent assez de consistance pour affermir Giannino dans ses prétentions. Mais peut-on supposer que les barons, auteurs de l'échange des enfants, ne l'eussent pas appris à la reine Clémence? Or si elle en eût été informée, n'étant morte que le 16 octobre 1328, douze ans après la naissance de son fils, quatre mois après l'avènement au trône de Philippe de Valois, dont l'élection ravivait les questions de succession, eût-elle laissé passer tant de temps sans protester en faveur de l'héritier de Louis le Hutin?

La damoiselle de Carsy put bien avoir été la nourrice du petit prince, mais pourquoi eût-elle si tardivement révélé la substitution à Frère Jordan? Et comment celui-ci, trop âgé, on l'a dit, pour entreprendre un voyage en Italie, quatre ans plus tard, se trouva-t-il en état d'entreprendre un pèlerinage avec son confident Frère Antoine, et, d'accord avec lui, écrivit-il de Messine une lettre à l'évêque de Sienne pour confirmer les faits déjà transmis par eux à Cola di Rienzi? Ce nom nous mène à l'un des plus inexplicables épisodes de cette étrange histoire. On a retrouvé et publié les lettres que les deux moines adressèrent au tribun, on a une charte dont Rienzi les fit suivre. Cette charte, dont Monmerqué a donné un fac-similé, est bien du XIVe siècle. Est-elle l'œuvre du tribun? Mais aucun ancien auteur n'a parlé des rapports qu'il aurait eus avec Giannino. Un des plus récents historiens de Cola di Rienzi a bien inséré dans sa vie l'épisode de Giannino [1], mais seulement d'après des documents que nous avons rappelés. Si cette charte est fausse, doit-on douter aussi d'une lettre où le tribun disait à Giannino : « Nous vous écrivons ce que plus tard nous croyions pouvoir vous manifester nous-même, à savoir que vous êtes véritablement roi de France et le fils légitime du roi Louis, et que votre mère a été la reine Clémence, fille de Charles Martel. Ne perdez pas courage, car dans peu de temps vous serez certainement seigneur et roi de France, et je l'affirme, tout habitant de ce royaume deviendra votre sujet [2]. »

Mais si l'entrevue entre Rienzi et Giannino eut vraiment lieu, pourquoi le tribun eût-il écrit cette lettre, que les paroles échangées dans cette entrevue rendaient parfaitement inutile?

Si ces documents sont faux, comment expliquer que Giannino se soit décidé à se mettre en avant comme prétendant? M. Maccari reproduit une opinion de M. Rondoni. Celui-ci pense qu'une ressemblance physique et une identité de prénom purent amener l'aventurier siennois à jouer le rôle qui lui réussit si mal : « On peut croire que Giannino,

[1] Em. Rodocanachi, *Cola di Rienzi, histoire de Rome de 1342 a 1354.* Paris, Lahure, 1888, p. 398, et dans l'appendice, p. 437.

[2] Monmerqué, *Dissertation*, appendice, p. 31.

né en France, d'un marchand très connu, avait une certaine ressemblance avec des princes de ce pays que quelque Siennois, amené par son commerce, pouvait très bien avoir vus. On peut supposer qu'à cause de cette ressemblance, des amis, des camarades s'amusèrent à plaisanter Giannino sur ses hautes destinées, et penser qu'il put se monter la tête au point de se croire de sang royal. » Cette explication ne semble pas très admissible à M. Maccari. Il est peu probable, en effet, que sans une instigation violente venue du dehors Giannino eût tenté la plus périlleuse aventure. « Sa situation à Sienne lui offrait des avantages matériels et moraux, il était riche et estimé; quelque illusionné qu'il fût, pouvait-il se décider à quitter cette situation et à risquer sa vie et sa fortune dans une aussi folle entreprise [1] ? »

Mais si, comme c'est possible, il ne se décida à cette folle entreprise que sur des suggestions étrangères, il faut donc admettre l'intervention des deux religieux et la production des documents qu'ils auraient transmis à Cola di Rienzi. Et par qui, et pourquoi aurait été imaginé ce roman aussi habilement inventé que celui par lequel Jeanne de Divion avait voulu prouver les droits de Robert d'Artois? Charles le Mauvais n'aurait-il pas été pour quelque chose dans toute cette intrigue? Plusieurs fois il est parlé de lui dans l'*Istoria* comme de l'un des personnages sur qui Giannino pouvait le plus compter, et nous voyons son nom apparaître dans une lettre dont il est intéressant de dire quelques mots. M. Maccari l'emprunte à Tizio [1] qui, dans ses *Historiæ senenses*, l'a jointe aux détails donnés sur Giannino. Il paraîtrait que celui-ci aurait fait demander sur frère Jordan et la damoiselle de Carsy des renseignements à un Italien demeurant à Paris, Bartati Martelli, de Florence. Ce sont ces renseignements que contient cette lettre, datée du 15 décembre 1356, et dont copie fut faite par deux notaires. Il y est dit qu'on n'a pas pu voir le Frère Jordan, qu'il est en grande réputation de piété et de bonté, qu'il peut avoir quatre-vingts ans, qu'après un pèlerinage au saint Sépulcre il a revêtu l'habit des Frères ermites de Saint-Augustin, près de Carsy, et qu'au dernier carême le roi de France l'avait fait arrêter parce qu'il avait appris comment plusieurs fois il *avait eu des rapports avec le roi de Navarre et d'autres barons*. Les frères croyaient qu'on l'avait fait secrètement mourir, à cause d'une *certaine confession* dont il aurait parlé, et qui était contraire aux intérêts du roi de France. Ayant demandé aux frères si Frère Jordan avait confessé à sa mort la damoiselle de Carsy, ou fait son testament, il fut répondu qu'on ne savait pas positivement s'il l'avait assistée, mais qu'on le

[1] Appendice, p. 198.

croyait, parce qu'elle était fort pieuse et qu'elle le visitait souvent; que, du reste, elle était morte depuis longtemps. A cette question si Frère Jordan n'avait pas laissé d'écrits, il fut répondu que non, parce que Frère Jordan *tenait ses affaires fort secrètes, et n'en parlait à aucun des Frères.*

Cette lettre semble d'autant moins avoir été fabriquée, qu'elle ne contient rien qui ait pu favoriser beaucoup les projets de Giannino; mais elle paraît démontrer l'existence très réelle du Frère Jordan, et peut-être était-il curieux d'indiquer ses relations avec le roi de Navarre.

La lettre ne paraît donc pas apocryphe. M. Maccari pense, d'ailleurs, qu'il serait téméraire de rejeter tous les documents dont nous avons eu à profiter, comme faux. « Les faits, dit-il, ne sont pas trop invraisemblables; on peut penser que l'échange des enfants n'eut pas lieu, mais que des soupçons, que les conditions exceptionnelles de cette époque firent germer, put profiter quelqu'un qui trompa la bonne foi du tribun de Rome, ou la surprit dans un moment de trouble, et obtint de lui des attestations si positives. On peut supposer encore que quelqu'un, se rappelant son goût pour les choses extraordinaires, ait trouvé bon, après sa mort, de se servir de son nom pour cette fiction [1]. »

Lacune peu explicable : aucun chroniqueur italien contemporain de Giannino n'a parlé de lui, si ce n'est Matteo Villani, qui continua la chronique de son frère jusqu'en 1364. Mais Matteo Villani, ordinairement si au fait de ce qui se passait, semble n'avoir rien su des prétentions de l'aventurier siennois ni des préparatifs de guerre dont le bruit aurait dû arriver à Florence. Il s'exprime sur son compte avec une grande inexactitude, l'appelle Gianni della Guglia et en fait un tailleur anglais [2]. — De la part des chroniqueurs français, silence complet.

Et pourtant, il y a certainement beaucoup de vrai dans cette singulière histoire de Giannino : la précision des détails, des renseignements tout intimes, la mention des dates, la citation de personnages dont il est aisé de constater l'existence, prouvent que bien des parties de ce livre ne sont pas mensongères. On peut en traiter le début de roman, mais le récit des voyages du prétendant, des préparatifs de son entreprise et de son fatal dénouement, n'a pu être imaginé; seulement, nous croyons l'avoir dit déjà, des exagérations ont pu se produire, soit d'abord pour donner une plus haute idée de la situation de l'aventurier, soit ensuite pour rendre ses infortunes plus touchantes. Gigli a très bien dit : « Ce qui fait croire à beaucoup que

[1] Maccari, p. XLIX.
[2] Muratori, t. XIV, p. 366.

celui qui écrivit cette histoire (Gigli regardait Giannino comme l'auteur même du livre) ne fut vraiment pas un imposteur, c'est qu'il raconte de lui plutôt des misères que des grandeurs ; car, s'il eût voulu glorifier sa personne, il aurait inventé des faveurs de dames, des victoires de duels et autres choses semblables, desquelles tous les romans sont pleins et par lesquelles le lecteur s'attache au héros de l'histoire [1]. » En effet, si nous avions eu affaire à un romancier, il eût fait jouer à Giannino un rôle plus glorieux, plus brillant ; au lieu de le montrer inactif pendant que ses gens se battaient, il l'eût mis à leur tête ; au lieu de le faire voir humilié, misérable, prisonnier, couvert de fers et de vermine, il l'eût couvert d'une de ces splendides armures qu'avait fait fabriquer le juif Daniel, et lui eût fait accomplir des prouesses avant de le laisser tomber entre les mains de ses cruels ennemis.

Giannino fut une dupe, sans doute, mais la dupe de qui ? mais pour quel motif fut-il précipité dans la plus dangereuse aventure ? Il y a là un petit problème historique, insoluble jusqu'à présent.

[1] Cité par Maccari, p. 121.

BESANÇON. — IMPR. ET STÉRÉOTYP. DE PAUL JACQUIN.

www.ingramcontent.com/pod-product-compliance
Lightning Source LLC
LaVergne TN
LVHW010327230826
846091LV00009B/3780

* 9 7 8 2 0 1 3 4 4 5 1 4 6 *